Míranos ahora

HOUGHTON MIFFLIN

BOSTON

Printed in the United States of America

ISBN 10:   0-54-728834-4
ISBN 13:   978-0-54-728834-5

56789 0868 18 17 16 15 14
4500518143

Contenido

Cada uno a su modo

por Mónica López

Tengo un gatito.

Le gusta beber leche.

Tuxi quiere tomar el juguete.
Lexi jala para su lado.

Pixi camina a su modo.

Paxi camina a su lado.

Coxi cava a su modo.

Ruxi corre a su modo.
Corre de lado a lado.

Maxi se sube a su modo.
¡Baja, Maxi, baja!

Roxi y Maxi

por Mónica López

ilustrado por John Hovell

—Tengo la pelota
—dijo Maxi.

A Maxi le gusta jugar.

Le gusta jugar con Roxi.

A Roxi le gusta la música.
Ella toca para Maxi.

Roxi es cómica.

Maxi es cómico.

Roxi reposa en el tapete.

Maxi reposa a su lado.

Van a tomar un taxi.

—¡Corre! —dijo Maxi.

¡Gana la copa!

por Mónica López

ilustrado por Marilyn Janovitz

Yoli corre a la meta.

¡Yoli gana la copa!

Yayo le da a la pelota.
¡Yayo gana la copa!

Cada bolo cayó abajo.
¡Yamila gana la copa!

A Yoyi le toca jugar.

Mayito lo va a ayudar.

Ya Yoyi ganó la copa.

Ya Mayo ganó la copa.

Cada uno gana una copa.

¡Bien hecho!

A Yayo le gusta ayudar

por Mónica López

ilustrado por Susan Lexa

Yani y Yoyi se van.

Yani lleva su perrito.

A Yayo le gusta ayudar.

—Dame la maleta —dijo.

Yayo sube la maleta.

Yayo la acomoda bien.

Yani bebe su jugo.

Yoyi come su bocadillo.

—Veo a Maya allá abajo
—dijo Yani—. ¡Corre, Yoyi!

—¡Qué fabuloso!
—dijo Yani—. ¡Y Yayo
ayudó mucho!

Una ayuda

por Dharana Adkins

¡Mira! Este día, el médico examina a Zizi.

Liza examina a Zulu.

Y le da un poco de leche.

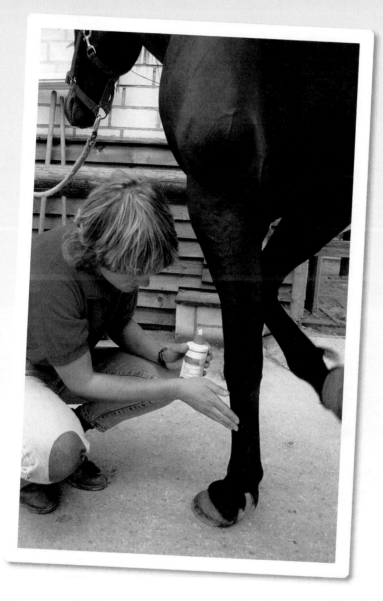

Rigo Meza examina a Cazo.

Cazo se dañó una pata.

Zulema examina a Tito.
¿Qué le pasa?

Jacobo examina a Lazo.

¿Qué le pasa?

Zara examina a Fito.

¡Es un bebito!

La ayuda
de Zulema

por Dharana Adkins
ilustrado por Joe Cepeda

Este día, Zulema va en su
carro rojo para ayudar a
cada animalito.

Zulema ayuda a Mozo.
Lo arropa y le da leche.

Este día, Zulema va en su
carro rojo para ayudar a
cada animalito.

Zulema analiza a Zamora.
Le roza la cabeza.

¡Mira! Tiza retoza en una
rama. ¿Qué utiliza Zulema?

—Baja, Tiza —dijo Zulema.

Tiza no la rechaza.

¿Reposa o retoza?

por Dharana Adkins

Gatito no retoza.

Gatito reposa en la terraza.

Perrito no retoza.

Perrito reposa en la sala.

Gallina no retoza.

Gallina reposa en una caja.

Cochinito no retoza.

Cochinito reposa en su corralito.

Zorra no retoza.

Zorra reposa en el zacate.

¿Qué animalito sale de noche?
Va a llevar comida a casa.

¡Así, así!

por Dharana Adkins

ilustrado por
Rick Brown

¡Sí, sí! Memo toca así.
Así me gusta a mí.

¡Sí, sí! Yo lo vi.

Toca y toca así.

¡Sí, sí! Pati cava así.

Usa la pala de Mimí.

¡Sí, sí! Yo la vi.
Cava y cava así.

¡Sí, sí! Susana corre así.

Va a llevar su nave allí.

¡Sí, sí! Yo la vi.

A ella le gusta jugar así.

Pepito no baja

por Dharana Adkins

ilustrado por John Wallner

Es un día bonito.

Pepito sube y sube.

Pepito no baja de allí.

Pepito ve todo.

—¡Socorro! —dijo Pepito.

Cuca corre mucho.

—¡Tengo que ayudar!

—dijo Cuca.

Nino corre un poco.

—¡Tengo que tomar esa soga!
—dijo Nino.

Pepe no corre nada.

¡Mira! Pepe toma la
soga y jala.

¿La va a llevar abajo?

Pepe baja a Pepito.

—¡Papá, Papá! —lo
besa Pepito.

Tico y Taco

por Dharana Adkins
ilustrado por Jeff Mack

Son Tico y Taco. Este año
van a ayudar a su mamá.

Tico ve una bellota.

—¡Corre, Tico! ¡Corre Taco!

—dijo Mamá.

¿Pudo tomar Tico una bellota?
¿Pudo llevar Taco una bellota?
¡Sí! ¡Qué fabuloso!

Tico la mete aquí.

Taco la pone allí abajo.

De día, todo se ve nevado.

Tico no ve su bellota.

Taco no ve su bellota.

—¡Mira! Tengo una
matita —dijo Tico.
—¡Qué bien! —dijo Taco.

Listas de palabras

SEMANA 1

Cada uno a su modo

página 1

Palabras decodificables
Destreza clave: *Sílabas abiertas con x /ks/*

Coxi, Lexi, Maxi, Paxi, Pixi, Ruxi, Tuxi

Palabras con destrezas enseñadas anteriormente

baja, camina, cava, corre, de, gatito, jala, lado, le, leche, modo, se, su, sube

Palabras de uso frecuente
Nuevas
tengo, tomar

Enseñadas anteriormente
a, gusta, para, un

Roxi y Maxi

página 7

Palabras decodificables
Destreza clave: *Sílabas abiertas con x /ks/*

Maxi, Roxi, taxi

Palabras con destrezas enseñadas anteriormente

cómica, cómico, corre, lado, le, música, pelota, reposa, su, tapete, toca

Palabras de uso frecuente
Nuevas
tengo, tomar

Enseñadas anteriormente
a, con, dijo, el, ella, en, gusta, jugar, la, para, van

¡Gana la copa!

página 13

Palabras decodificables

Destreza clave: *Sílabas abiertas con y /y/*

ayudar, cayó, Mayito, ya, Yamila, Yayo, Yoli, Yoyi

Palabras con destrezas enseñadas anteriormente

bolo, cada, copa, corre, da, gana, ganó, hecho, le, lo, meta, pelota, toca, uno, va

Palabras de uso frecuente

Nuevas

abajo, ayudar

Enseñadas anteriormente

a, bien, jugar, la, una

A Yayo le gusta ayudar

página 19

Palabras decodificables

Destreza clave: *Sílabas abiertas con y /y/*

ayudó, Maya, Yani, Yayo, Yoyi

Palabras con destrezas enseñadas anteriormente

acomoda, allá, bocadillo, come, corre, dame, fabuloso, jugo, le, lleva, maleta, mucho, perrito, se, su, sube

Palabras de uso frecuente

Nuevas

abajo, ayudar

Enseñadas anteriormente

a, bien, dijo, gusta, la, qué, van, veo, y

Una ayuda
página 25

Palabras decodificables
Destreza clave: *Sílabas abiertas con z /z/*
Cazo, Lazo, Liza, Meza, Zara, Zizi, Zulema, Zulu

Palabras con destrezas enseñadas anteriormente
bebito, da, dañó, de, examina, Fito, Jacobo, le, leche, médico, pasa, pata, poco, Rigo, se, Tito

Palabras de uso frecuente
Nuevas
día, mira

Enseñadas anteriormente
a, el, este, qué, un, una, y

La ayuda de Zulema
página 31

Palabras decodificables
Destreza clave: *Sílabas abiertas con z /z/*
analiza, cabeza, Mozo, rechaza, retoza, roza, Tiza, utiliza, Zamora, Zulema

Palabras con destrezas enseñadas anteriormente
animalito, arropa, baja, cada, carro, da, le, leche, lo, rama, rojo, su, va

Palabras de uso frecuente
Nuevas
día, mira

Enseñadas anteriormente
a, ayudar, dijo, en, este, la, no, para, qué, una, y

¿Reposa o retoza?   página 37

Palabras decodificables
Destreza clave: *Repasar sílabas abiertas con m, p y s*
animalito, casa, comida, perrito, reposa, sala, sale, su

Palabras con destrezas enseñadas anteriormente
caja, cochinito, corralito, Gatito, noche, retoza, terraza, va, zacate, Zorra

Palabras de uso frecuente
Nuevas
de, llevar

Enseñadas anteriormente
a, el, en, la, no, qué, una

¡Así, así!   página 43

Palabras decodificables
Destreza clave: *Repasar sílabas abiertas con m, p y s*
así, me, Memo, mí, Mimí, pala, Pati, sí, su, Susana, usa

Palabras con destrezas enseñadas anteriormente
allí, cava, corre, lo, nave, toca, va, vi

Palabras de uso frecuente
Nuevas
de, llevar

Enseñadas anteriormente
a, ella, gusta, jugar, la, y, yo

Pepito no baja

página 49

Palabras decodificables

Destreza clave: *Repasar sílabas abiertas con t, c y n*

bonito, corre, Cuca, nada, Nino, no, Pepito, poco, socorro, todo, toma

Palabras con destrezas enseñadas anteriormente

allí, baja, besa, esa, jala, lo, mucho, Papá, Pepe, soga, sube, va

Palabras de uso frecuente

Repaso

abajo, ayudar, de, día, llevar, mira, tengo, tomar

Enseñadas anteriormente

a, dijo, la, que, un, y

Tico y Taco

página 55

Palabras decodificables

Destreza clave: *Repasar sílabas abiertas con t, c y n*

corre, matita, mete, nevado, no, pone, Taco, Tico, todo

Palabras con destrezas enseñadas anteriormente

allí, año, aquí, bellota, de, fabuloso, mamá, mete, pudo, se, sí, su, ve

Palabras de uso frecuente

Repaso

abajo, ayudar, de, día, llevar, mira, tengo, tomar

Enseñadas anteriormente

a, bien, dijo, este, la, qué, son, una, van, y